Gerda Frankl

Zierliche Spitzen

für Taschentücher, Deckchen und Wäsche

Frech-Verlag Stuttgart

Zeichenerklärung

• = Luftmasche

x = feste Masche

| = Stäbchen

= Doppelstäbchen

= dreifaches Stäbchen

= Kreuzstäbchen

= 4 oben zus.gefaßte Stäbchen

= 5 oben zus.gefaßte Stäbchen

= 4 unten in 1 Masche zus.laufende Stäbchen

= 7 unten in 1 Masche zus.laufende Stäbchen

* = Anfang

= Luftmaschenbogen. Die Zahlen in den Bogen geben stets die Zahl der zu häkelnden Luftmaschen an.

= 2 unten in 1 Masche zus.laufende Stäbchen

= 2 unten in 1 Masche zus.laufende Doppelstäbchen

= 3 unten in 1 Masche zus.laufende Stäbchen

= 2 oben zus.gefaßte Stäbchen

= 3 oben zus.gefaßte Doppelstäbchen

Anschrift der Autorin:
Gerda Frankl,
Hauptstraße 29 b,
D-5340 Bad Honnef 1

Auflage: 5. 4. | Letzte Zahlen
Jahr: 1990 89 | maßgebend

ISBN 3-7724-0948-2 · Best.-Nr. 948

frech-verlag
GmbH + Co. Druck KG Stuttgart
Druck: Frech, Stuttgart 31

Abkürzungen

M = Masche, fM = feste Masche, Lftm = Luftmasche, Stäb = Stäbchen, DopStäb = Doppelstäbchen, KreuzStäb = Kreuzstäbchen, P = Pikot (Öse) 5 Lftm, Vr = Vorrunde, zus. = zusammen, fortl. wdh. = fortlaufend wiederholen.

Arbeitsbeschreibung

Jedes Taschentuch wird zuerst mit einer Reihe fM umhäkelt. Dann beginnt man mit der Spitze. Es ist jeweils ein Mustersatz beschrieben, der fortlaufend wiederholt wird. Nach Beendigung einer Runde mit einer Kettenmasche anschließen und evtl. mit Kettenmaschen zum Beginn des neuen Mustersatzes überleiten. Bei Beginn einer Runde werden für
1 fM = 1 Lftm aufgehäkelt,
1 Stäb = 3 Lftm aufgehäkelt,
1 DopStäb = 5 Lftm aufgehäkelt,
1 dreifaches Stäb = 7 Lftm aufgehäkelt

Dreifaches Stäbchen mit 1 Stäbchen verbunden
3mal Umschlag, in 1 M der Vr einstecken, Umschlag, durchziehen, Umschlag, durch 1 Schlinge ziehen, Umschlag, durch 2 Schlingen ziehen, Umschlag, durch 2 Schlingen ziehen. In die nächste M der Vr 1 Stäb arbeiten, Umschlag, durch 1 Schlinge ziehen, Umschlag, durch 2 Schlingen ziehen, Umschlag, durch 2 Schlingen ziehen.

Kreuzstäbchen
2mal Umschlag, in 1 M der Vr einstecken, Umschlag, 1mal durchziehen, Umschlag, durch 1 Schlinge ziehen, Umschlag, durch 2 Schlingen ziehen, Umschlag, in die übernächste M der Vr einstecken, Umschlag, 1mal durchziehen, Umschlag, durch 1 Schlinge ziehen, Umschlag, durch 2 Schlingen ziehen, Umschlag, durch 2 Schlingen ziehen, Umschlag, durch 1 Schlinge ziehen, Umschlag, durch 2 Schlingen ziehen, 3 Lftm, dann in die Mitte (dort wo die beiden unteren Stäb zusammentreffen) 1 Stäb arbeiten.

Arbeitsbeschreibung

1. Runde: fM, dabei in der Tiefe des Bogens 3 Lftm dazwischen arbeiten.
2. Runde: In den kleinen Luftmaschenbogen 7 durch je 2 Lftm getrennte Stäb, dann 8 Lftm – 1 fM – 8 Lftm – 1 fM – 8 Lftm.
3. Runde: In jede Lücke der StäbGruppe 1 fM – 5 Lftm, in den mittleren Bogen 1 Stäb – 5 Lftm – 1 Stäb – 5 Lftm.
4. Runde: In jeden Bogen 1 fM – 5 Lftm, in den Bogen zwischen den beiden Stäb 1 fM – 5 Stäb – 1 fM.

6. Runde
5. Runde
4. Runde
3. Runde
2. Runde
1. Runde

Arbeitsbeschreibung

1. Runde: Abwechselnd 1 fM – 1 Lftm.

2. Runde: 1 fM – 6 Lftm, ✱dann auf die übernächste fM 1 fM – 12 Lftm, dann auf die 6. folgende fM 1 fM – 12 Lftm, dann auf die 6. folgende fM 1 fM, dann ab ✱ wdh.

3. Runde: 9 Stäb – 8 Lftm – 1 fM – 3 Lftm – 1 fM – 8 Lftm.

4. Runde: ✱Auf die 9 Stäb der Vr 12 Stäb durch je 1 Lftm getrennt, dann 6 Lftm, dann in den kleinen Bogen 1 fM – 1 Lftm – 1 fM – 6 Lftm, dann ab ✱wdh.

5. Runde: Auf die StäbGruppe 7 Stäb durch je 3 Lftm getrennt, dann 3 Lftm, dann zwischen die 2 fM 5 DopStäb, dann 3 Lftm.

6. Runde: Auf jedes Stäb der großen Gruppe 1 fM – 6 Lftm, dann auf die dichte StäbGruppe 5 oben zus.gefaßte DopStäb – 6 Lftm.

Arbeitsbeschreibung

1. Runde: fM.
2. Runde: In die tiefste Masche des Bogens 2 DopStäb – 10 Lftm – 2 DopStäb, dann 2 Lftm, auf die Höhe des Bogens 5 Stäb – 2 Lftm.
3. Runde: 2 Stäb – 8 Lftm – 1 fM – 8 Lftm – 2 Stäb, dann 2 Lftm – 1 fM – 1 P – 1 fM – 2 Lftm.
4. Runde: 2 Stäb – 8 Lftm – 1 fM – 8 Lftm 1 fM – 8 Lftm – 2 Stäb.
5. Runde: In den mittleren Bogen zwischen der Mustergruppe 6mal 1 Stäb – 2 Lftm, in den nächsten Bogen 1 fM – 12 Lftm, in den folgenden Bogen 1 fM – 2 Lftm.
6. Runde: Zwischen je 2 Stäb 4mal 1 fM – 5 Lftm, zwischen das 5. und 6. und hinter das 6. Stäb je 1 fM, in den großen Bogen 12 fM, vor das 1. Stäb der Gruppe 1 fM.

Arbeitsbeschreibung (Abbildung links)

1. Runde: fM.
2. Runde: ✳In die tiefste Masche des Bogens 1 dreifaches Stäb – 14 Lftm – 1 dreifaches Stäb, dann auf die Höhe des Bogens in 1 M 5 Stäb, dann ab ✳ wdh.
3. Runde: In jeden Bogen 1 fM – 2 Lftm, auf jedes Stäb 1 DopStäb – 2 Lftm.
4. Runde: In jede Lücke zwischen den DopStäb 2 fM, auf jedes DopStäb 1 fM, dann 11 Lftm.
5. Runde: In die Mitte über der Stäbchengruppe 5 fM, dann 5 Lftm, in die 6 M des Bogens 5 Stäb – 6 Lftm.
6. Runde: Über die 5 fM 1 fM – 1 P – 1 fM, dann 5 Lftm, dann 5 durch je 1 P getrenntes Stäb, dann 5 Lftm.

Arbeitsbeschreibung (Abbildung unten)

1. Runde: fM.
2. Runde: ✳1 fM – 10 Lftm, dann in die 5. M der Vr 1 fM – 6 Lftm, dann 1 M der Vr überschlagen, 1 fM – 1 P, dann 1 M der Vr überschlagen, 1 fM – 6 Lftm, dann 1 M der Vr überschlagen, ab ✳ wdh.
3. Runde: ✳In den großen Bogen 5 Stäb – 4 Lftm – 5 Stäb, dann in den ersten kleinen Bogen 1 fM – 10 Lftm, in den zweiten kleinen Bogen 1 fM, ab ✳ wdh.
4. Runde: ✳Auf das vierte und fünfte Stäb je 1 Stäb, dann in die Lücke 2 Stäb – 2 Lftm – 2 Stäb, auf die beiden nächsten Stäb je 1 Stäb, dann 6 Lftm, in den großen Bogen 1 fM – 6 Lftm, dann ab ✳ wdh.
5. Runde: ✳Auf das 4. Stäb 1 Stäb, in die Lücke 2 Stäb – 2 Lftm – 2 Stäb, auf das nächste Stäb 1 Stäb, dann 8 Lftm, in den ersten Bogen 1 fM – 4 Lftm, in den zweiten Bogen 1 fM – 8 Lftm, ab ✳ wdh.
6. Runde: ✳3 oben zus.gefaßte Stäb – 8 Lftm, dann in den ersten Bogen 1 fM, in den zweiten Bogen 2 Stäb – 1 P – 2 Stäb, in den dritten Bogen 1 fM – 8 Lftm, ab ✳ wdh.

Arbeitsbeschreibung (Abbildung oben)

1. Runde: fM.
2. Runde: ✶In die Tiefe zwischen zwei Bogen 4 oben zus.gefaßte DopStäb, dann auf die Höhe des Bogens in 1 M der Vr 1 dreifaches Stäb – 9 Lftm – 1 fM – 9 Lftm – 1 dreifaches Stäb, ab ✶ wdh.
3. Runde: ✶ auf die DopStäbGruppe 1 fM – 9 Lftm, dann in die beiden Bogen 1 KreuzStäb, das oben durch 6 Lftm getrennt ist, dann 9 Lftm, ab ✶ wdh.
4. Runde: ✶In den Bogen des Kreuzstäb sieben durch je 1 P getrennte DopStäb, dann in den ersten folgenden Bogen 1 fM – 1 P, dann in den zweiten Bogen 1 fM, ab ✶ wdh.

Arbeitsbeschreibung (Abbildung rechts)

1. Runde: fM.
2. Runde: 4 fM – 5 Lftm – 4 DopStäb (jeweils 1 M der Vr überschlagen) – 5 Lftm.
3. Runde: 4 DopStäb – 6 Lftm – 1 fM – 4 Lftm – 1 fM – 6 Lftm.
4. Runde: 3 DopStäb – 8 Lftm – 6 fM – 8 Lftm.
5. Runde: 2 oben zus.gefaßte DopStäb – 6 Lftm – 1 fM – 1 P, dann 4 durch je 1 P getrennte DopStäb, dann 1 P – 1 fM – 6 Lftm.

Arbeitsbeschreibung

1. Runde: fM.
2. Runde: 1 fM – 8 Lftm – 1 fM – 12 Lftm – 1 fM – 8 Lftm – 1 fM – 14 Lftm.
3. Runde: In die 12 Lftm 3 Stäb – 9 DopStäb – 3 Stäb, dann 1 Lftm.
   In den nächsten Bogen 1 fM – 8 Lftm. In den folgenden Bogen 4mal 1 fM – 8 Lftm.
   In den nächsten Bogen 1 fM – 1 Lftm.
4. Runde: 1 fM – 8 Lftm.
5. Runde: In den Lftm-Bogen über der StäbGruppe 3mal 3 fM – 5 Lftm, dann 3 fM – 8 Lftm.
   In den übernächsten Bogen 1 fM, dann 3mal 8 Lftm – 1 fM, dann 8 Lftm.

Arbeitsbeschreibung

1. Runde: fM.

2. Runde: In 1 M der Vr 1 DopStäb – 4 Lftm – 1 DopStäb, dann 3 Lftm, 4 M der Vr überschlagen und wdh.

3. Runde: In jeden Bogen zwischen den beiden DopStäb der Vr 1 fM – 9 Lftm.

4. Runde: In jeden Bogen der Vr 3 oben zus.gefaßte DopStäb – 8 Lftm – 3 oben zus.gefaßte DopStäb.

5. Runde: In jeden Lftm-Bogen 1 fM – 9 Lftm.

6. Runde: In den ersten Bogen der Vr 4mal 3 oben zus.gefaßte DopStäb, die jeweils durch 1 P getrennt werden, dann 1 P.
In den nächsten Bogen 1 fM – 1 P.

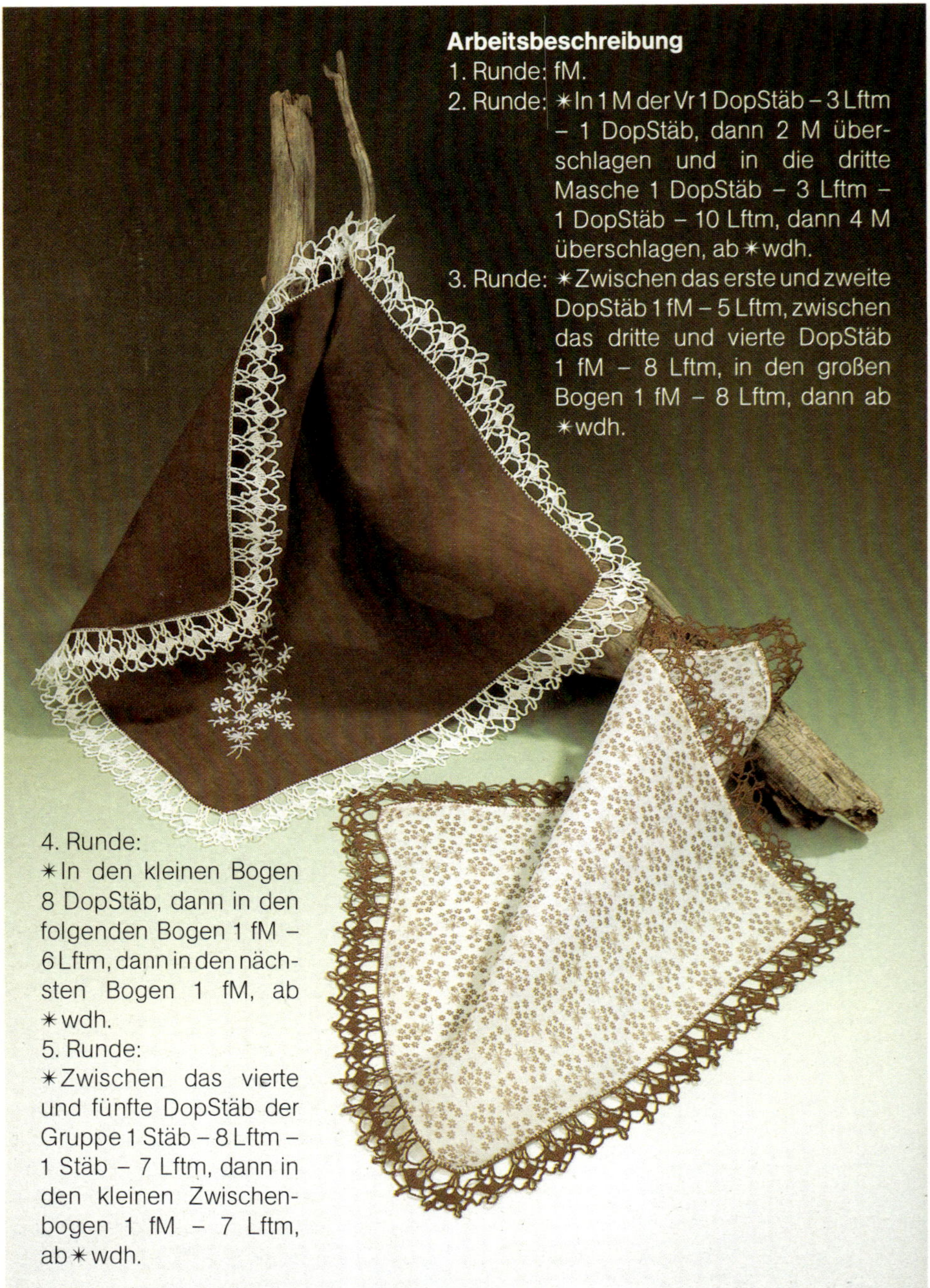

Arbeitsbeschreibung

1. Runde: fM.
2. Runde: ✶In 1 M der Vr 1 DopStäb – 3 Lftm – 1 DopStäb, dann 2 M überschlagen und in die dritte Masche 1 DopStäb – 3 Lftm – 1 DopStäb – 10 Lftm, dann 4 M überschlagen, ab ✶wdh.
3. Runde: ✶Zwischen das erste und zweite DopStäb 1 fM – 5 Lftm, zwischen das dritte und vierte DopStäb 1 fM – 8 Lftm, in den großen Bogen 1 fM – 8 Lftm, dann ab ✶wdh.

4. Runde:
✶In den kleinen Bogen 8 DopStäb, dann in den folgenden Bogen 1 fM – 6 Lftm, dann in den nächsten Bogen 1 fM, ab ✶wdh.

5. Runde:
✶Zwischen das vierte und fünfte DopStäb der Gruppe 1 Stäb – 8 Lftm – 1 Stäb – 7 Lftm, dann in den kleinen Zwischenbogen 1 fM – 7 Lftm, ab ✶wdh.

1. Runde: fM.

2. Runde: ✶1 fM – 6 Lftm, dann 3 M der Vr überschlagen und in die vierte M 4 DopStäb – 8 Lftm – 4 DopStäb – 6 Lftm, dann 3 M der Vr überschlagen, ab ✶ wdh.

3. Runde: ✶In den Bogen 1 fM – 6 Lftm – 1 fM – 10 Lftm, dann auf die zwei StäbGruppen je 4 oben zus.gefaßte DopStäb, dann 10 Lftm, ab ✶wdh.

4. Runde: ✶In jeden großen Bogen 10 fM, in jeden kleinen Bogen 4mal 1 fM – 5 Lftm, dann noch 1 fM.

Arbeitsbeschreibung

Arbeitsbeschreibung (Abbildung links)

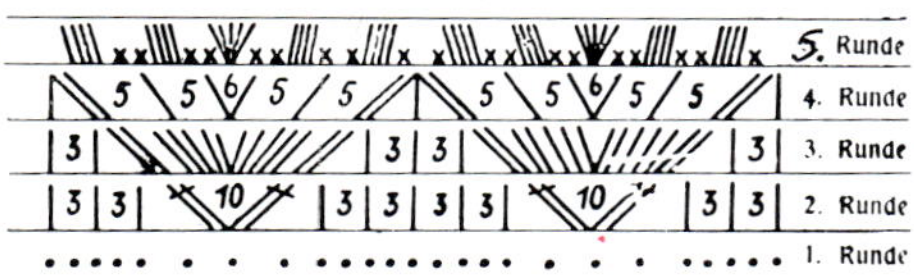

Arbeitsbeschreibung (Abbildung oben)

1. Runde: fM.
2. Runde: ✱ 2 Stäb – 3 Lftm – 2 durch 3 Lftm getrennte Stäb – 5 Lftm – 1 fM – 2 Lftm – 8 Stäb – 2 Lftm – 1 fM – 5 Lftm – 2 durch 3 Lftm getrennte Stäb – 3 Lftm – 2 Stäb – 6 Lftm, ab ✱ wdh.
3. Runde: ✱ 2 Stäb – 3 Lftm – 2 durch 3 Lftm getrennte Stäb – 8 Lftm – 1 fM, dann 4mal 6 Lftm – 1 fM, dann 8 Lftm – 2 durch 3 Lftm getrennte Stäb – 3 Lftm – 2 Stäb – 10 Lftm, ab ✱ wdh.
4. Runde: ✱ 2 Stäb – 3 Lftm – 2 durch 3 Lftm getrennte Stäb – 8 Lftm – 1 fM, dann 3mal 6 Lftm – 1 fM, dann 8 Lftm – 2 durch 3 Lftm getrennte Stäb – 3 Lftm – 2 Stäb – 2 Lftm – 2 fM – 2 Lftm, ab ✱ wdh.
5. Runde: ✱ 2 Stäb – 3 Lftm – 2 durch 3 Lftm getrennte Stäb – 9 Lftm – 1 fM, dann 2mal 6 Lftm – 1 fM, dann 9 Lftm – 2 durch 3 Lftm getrennte Stäb – 3 Lftm – 2 Stäb – 4 Lftm – 1 fM – 4 Lftm, ab ✱ wdh.
6. Runde: ✱ 1 fM – 1 P, dann 5mal 1 Stäb – 1 P, dann 1 fM – 10 Lftm, ab ✱ wdh.

Arbeitsbeschreibung

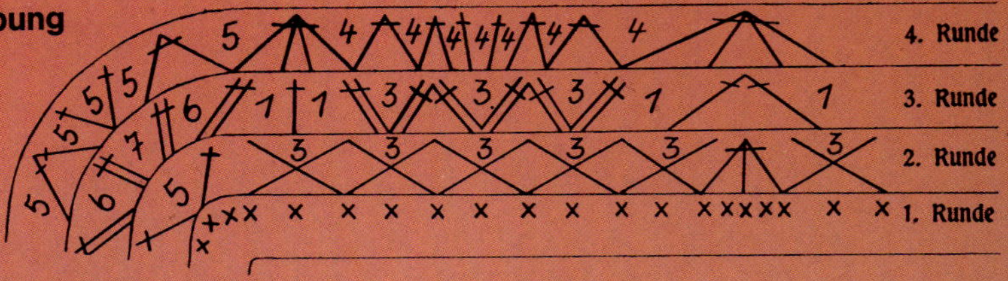

Arbeitsbeschreibung

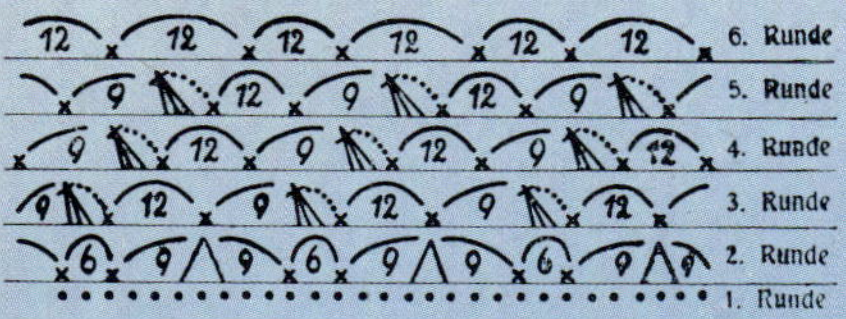

Arbeitsbeschreibung (Abbildung oben)

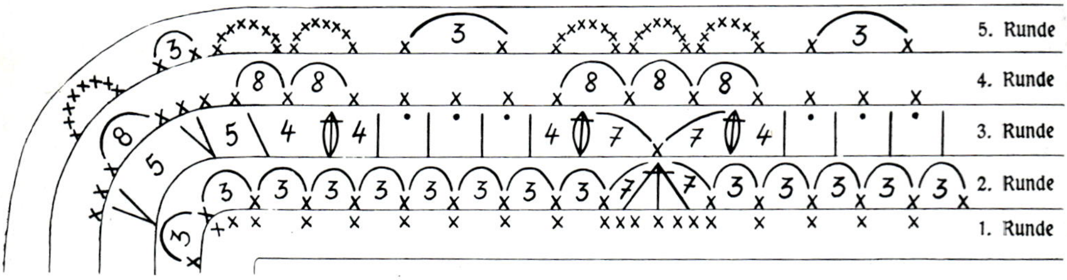

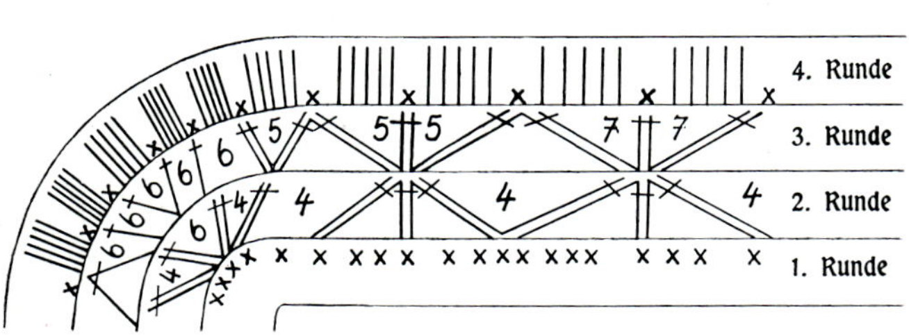

Arbeitsbeschreibung
(Abbildung rechts)

Arbeitsbeschreibung (Abbildung links)

1. Runde: fM.
2. Runde: ✶In 1 M der Vr 2 Stäb – 3 Lftm – 2 Stäb, dann 3 Lftm, dann 3 M der Vr überschlagen – 2 Stäb – 3 Lftm, 2 Stäb, dann 10 Lftm, 6 M der Vr überschlagen, ab ✶ wdh.
3. Runde: ✶In die kleine Lücke 2 Stäb – 3 Lftm – 2 Stäb, dann 3 Lftm, in die nächste Lücke 2 Stäb – 3 Lftm – 2 Stäb, dann 8 Lftm, ab ✶ wdh.
4. Runde: Wie die 3. Runde.
5. Runde: ✶In die Lücke der ersten Stäb-Gruppe 1 fM – 1 P, dann zwischen die beiden StäbGruppen 3 durch je 1 P getrennte Stäb, dann 1 P, dann in die Lücke 1 fM, dann in den großen Bogen 4 fM, mit der 5. fM auch die Bogen der 2. und 3. Runde mitfassen, dann noch einmal 4 fM, dann ab ✶ wdh.

Arbeitsbeschreibung

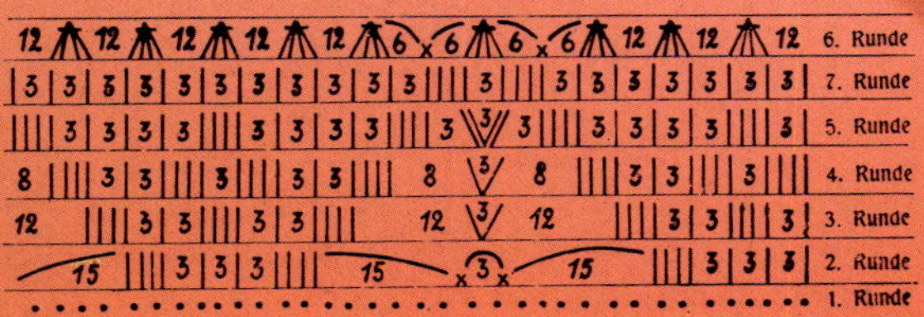

Arbeitsbeschreibung

1 Stück feinen weißen Stoff rund oder oval zuschneiden und mit feinen Stichen umsäumen (Rollsaum).

1. Runde: Mit fM dicht umhäkeln.
2. Runde: 1 fM, 5 Lftm im Wechsel.
3. Runde: In jeden Bogen 1 fM, dann 6 Lftm im Wechsel.
4. Runde: In jeden Bogen 1 fM, dann 7 Lftm im Wechsel.

Alle folgenden Runden gleich arbeiten, nur werden die Lftm in jeder Runde um eine weitere erhöht.

Weiter arbeiten soviel Runden wie gewünscht. (Je mehr Runden, desto höher und duftiger wird das Deckchen.)

Nach Fertigstellung Deckchen und Spitze anfeuchten und mit Sprühstärke behandeln und noch feucht bügeln. Hierbei werden die Bogen im Wechsel nach innen und einmal nach außen hochgezogen, es entsteht eine Bogenwelle, bzw. eine hochstehende Rüsche.

Arbeitsbeschreibung

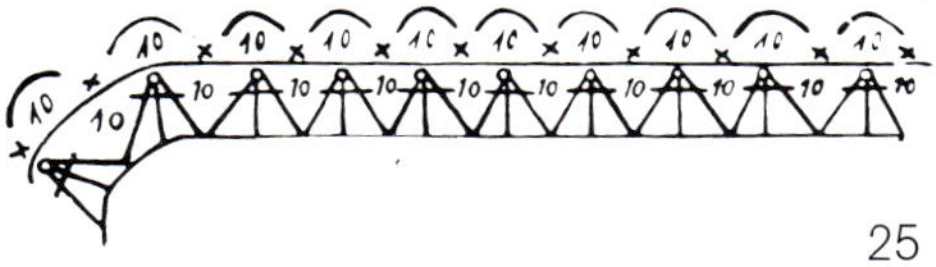

Arbeitsbeschreibung

1. Runde: fM.
2. Runde: ✳In 1 M der Vr 7 Stäb, dann 5 Lftm, dann 2 x 3 oben zus.gefaßte Stäb, dann 5 Lftm, ab ✳wdh.
3. Runde: ✳Auf das 1., 3., 5. und 7. Stäb je 1 fM – 5 Lftm. Zwischen die oben zus.laufenden Stäb: 4 Stäb, die jeweils durch 1 Lftm getrennt werden, dann 5 Lftm, ab ✳wdh.
4. Runde: ✳3mal 1 fM – 5 Lftm, dann 4 durch je 2 Lftm getrennte Stäb, dann 5 Lftm, ab ✳wdh.
5. Runde: ✳1 fM – 8 Lftm – 1 fM – 5 Lftm, dann auf jedes Stäb und in die mittlere Lücke je 1 Stäb, die jeweils durch 1 Pikot getrennt werden, dann 5 Lftm, ab ✳wdh.

Arbeitsbeschreibung

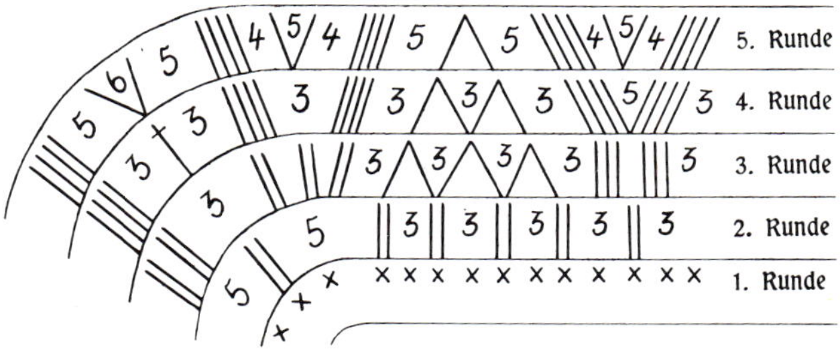

Arbeitsbeschreibung

1. Runde: fM.

2. Runde: ✳In die Tiefe des Bogens 1 DopStäb – 5 Lftm – 1 DopStäb, dann auf die Höhe des Bogens in 1 M 3 oben zus.gefaßte DopStäb – 4 Lftm – 1 dreifach Stäb – 4 Lftm – 3 oben zus.gefaßte DopStäb, dann ab ✳ wdh.

3. Runde: ✳Zwischen die 2 durch 5 Lftm getrennte DopStäb 1 fM – P – 1 fM, dann 6 Lftm, dann auf das dreifache Stäb 3 oben zus.gefaßte DopStäb – 1 P – 3 oben zus.gefaßte DopStäb – 1 P – 3 oben zus.gefaßte DopStäb, dann 6 Lftm, dann ab ✳ wdh.

Arbeitsbeschreibung

1. Runde: fM.

2. Runde: ✱Auf die Höhe des Bogens 3 durch je 1 Lftm getrennte Stäb, dann 5 Lftm, dann 3 Stäb – 2 Lftm – 3 Stäb – 5 Lftm, ab ✱ wdh.

3. Runde: 3 durch je 1 Lftm getrennte Stäb – 5 Lftm – 1 fM – 5 Lftm – 2 Stäb – 5 Lftm – 1 fM – 5 Lftm.

4. Runde: ✱2 Stäb – 3 Lftm – 2 Stäb – 3 Lftm – 2 Stäb – 3 Lftm, dann in den mittleren Bogen 4mal abwechselnd 1 fM – 3 Lftm, ab ✱ wdh.

Arbeitsbeschreibung

1. Runde: fM.

2. Runde: ✶2 fM – 5 Lftm, 2 M der Vr überschlagen, dann 2 fM – 7 Lftm, dann 4 M der Vr überschlagen – 1 Stäb – 5 Lftm – 1 Stäb – 7 Lftm, dann 4 M der Vr überschlagen und ab ✶ wdh.

3. Runde: ✶Zwischen die beiden fM 1 fM, in den kleinen Bogen 5 fM, zwischen die beiden fM 1 fM, dann 7 Lftm, auf das 1. Stäb 1 Stäb, in den Bogen 3 Stäb und auf das letzte Stäb 1 Stäb, die jeweils durch 3 Lftm getrennt werden, dann 7 Lftm und ab ✶ wdh.

4. Runde: ✶Zwischen die 1. und 2. fM 1 fM – 9 Lftm zwischen die 6. und 7. fM 1 fM – 7 Lftm, dann auf das 1. und 2. Stäb je 1 Stäb, auf das 3. Stäb 2 Stäb, und auf das 4. u. 5. Stäb je 1 Stäb, die jeweils durch 3 Lftm getrennt werden, dann 7 Lftm und ab ✶ wdh.

5. Runde: ✶In die 5. M des Lftmbogens 3 oben zus.gefaßte DopStäb – 1 P – 3 oben zus.gefaßte DopStäb, dann auf jedes Stäb und in die mittlere Lücke je 1 Stäb, die jeweils durch 1 P getrennt werden, ab ✶ wdh.

Arbeitsbeschreibung

1. Runde: fM.

2. Runde: ✶In die Tiefe des Bogens 3 oben zus.gefaßte DopStäb, dann in jede fM der Vr 1 DopStäb durch je 1 Lftm getrennt, ab ✶ wdh.

3. Runde: In die Tiefe des Bogens werden in die vorletzte und letzte Lücke des abschließenden Bogens und in die 1. und 2. Lücke des folgenden Bogens je 1 DopStäb gehäkelt, oben zusammen abgemascht. In jede weitere Lücke 1 Stäb – 3 Lftm.

4. Runde: wie 3. Runde.

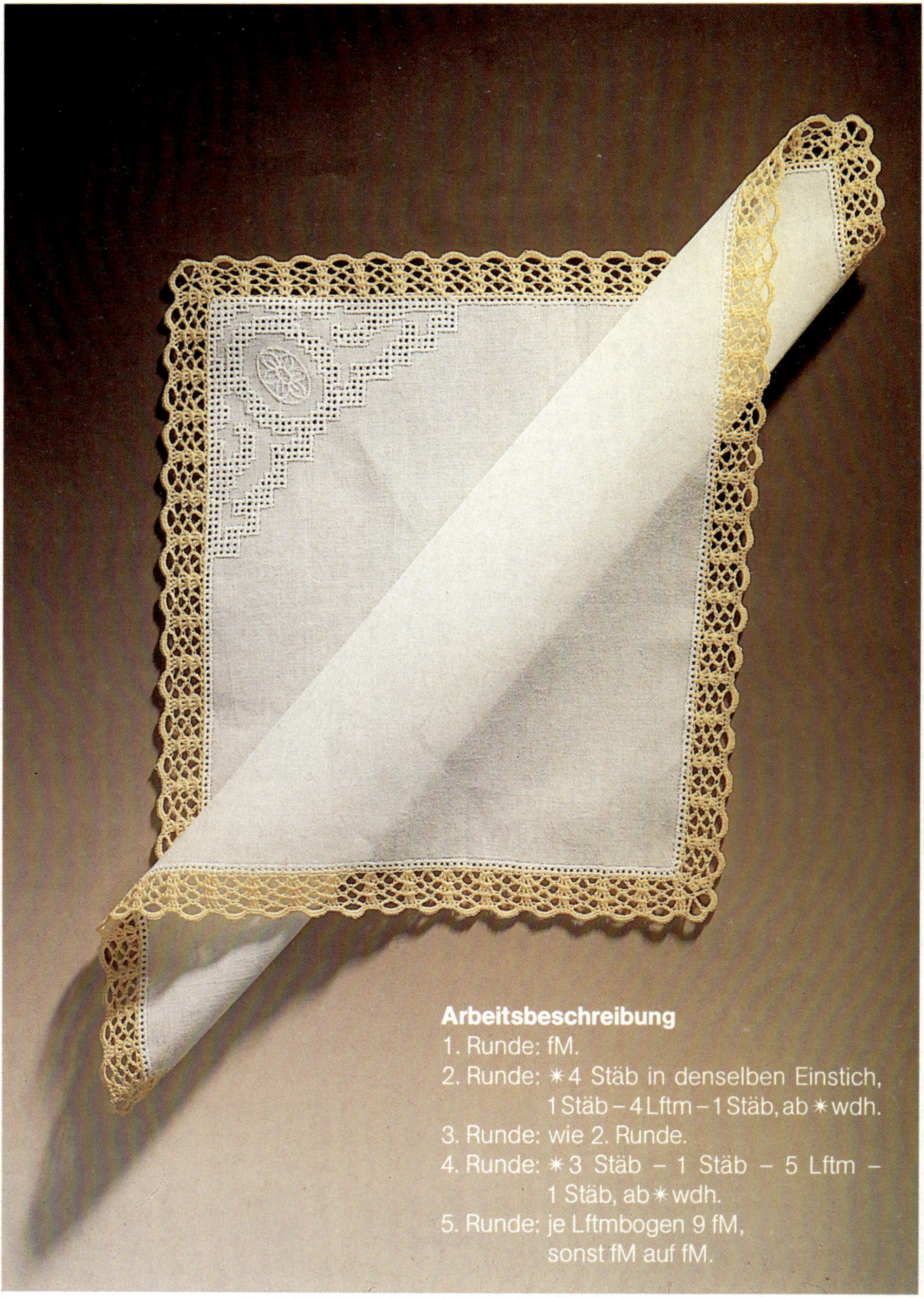

Arbeitsbeschreibung

1. Runde: fM.
2. Runde: ✶4 Stäb in denselben Einstich, 1 Stäb – 4 Lftm – 1 Stäb, ab ✶ wdh.
3. Runde: wie 2. Runde.
4. Runde: ✶3 Stäb – 1 Stäb – 5 Lftm – 1 Stäb, ab ✶ wdh.
5. Runde: je Lftmbogen 9 fM, sonst fM auf fM.

Arbeitsbeschreibung

1. Runde: fM.
2. Runde: ✱7 Stäb – 1 DopStäb – 5 Lftm – 1 DopStäb, ab✱wdh.
3. Runde: ✱7 Stäb – 1 DopStäb – 6 Lftm – 1 DopStäb, ab✱wdh.
4. Runde: je Lftmbogen✱5 fM – 5 Lftm – 5 fM – 3 fM – 5 Lftm – 3 fM, ab✱wdh.

4. Runde
3. Runde
2. Runde
1. Runde
Es werden nur Doppelstäbchen gearbeitet.

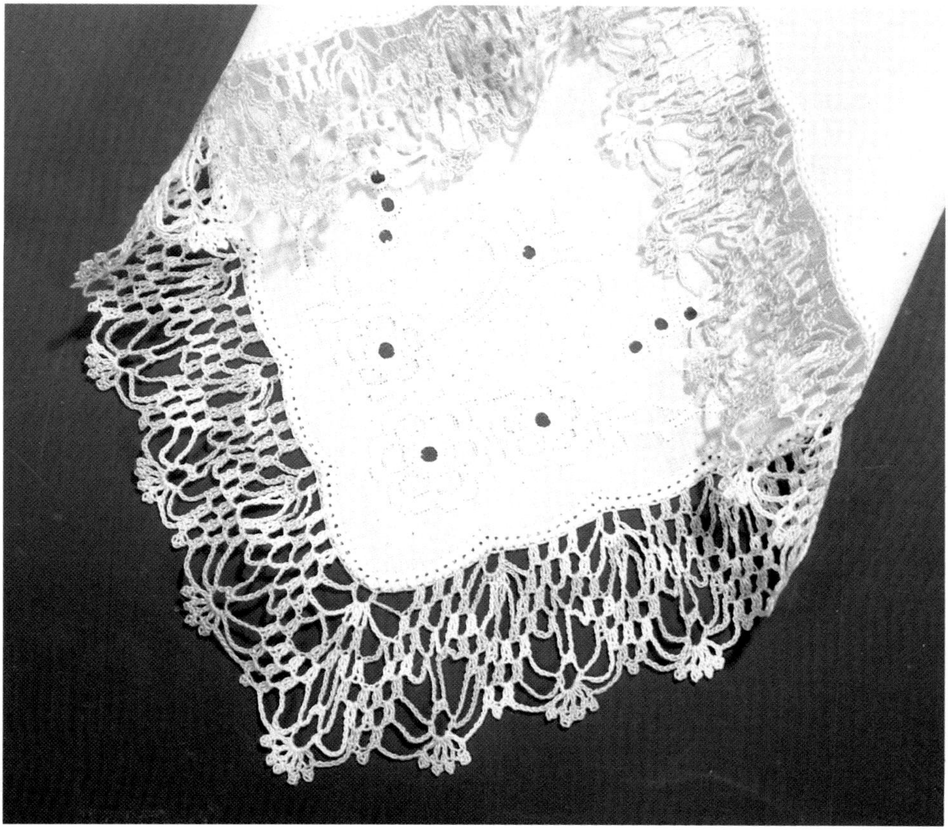

Arbeitsbeschreibung

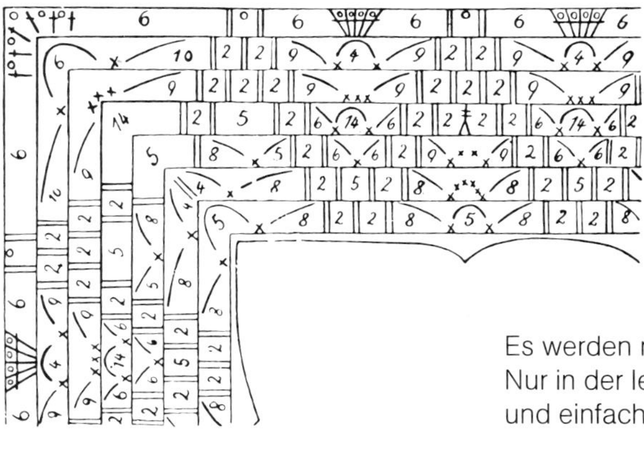

7. Runde
6. Runde
5. Runde
4. Runde
3. Runde
2. Runde
1. Runde

Es werden nur einfache Stäbchen gearbeitet. Nur in der letzten Runde sind Doppelstäbchen und einfache Stäbchen zu häkeln.

Arbeitsbeschreibung, Spitze 1

1. Runde: fM.
2. Runde: ✳3 Stäb – 2 Lftm – 3 Stäb – 1 fM, dann 3 x 6 Lftm – 1 fM, ab ✳ wdh.
3. Runde: ✳3 Stäb – 2 Lftm – 3 Stäb – 5 Lftm, dann 2 x 1 fM – 6 Lftm, dann 1 fM – 5 Lftm, ab ✳ wdh.
4. Runde: ✳2 Stäb – 2 Lftm – 2 Stäb – 7 Lftm – 1 fM – 6 Lftm – 1 fM – 7 Lftm, ab ✳ wdh.
5. Runde: ✳1 Stäb – 1 P – 1 Stäb – 9 Lftm – 1 fM – 1 P – 1 fM – 9 Lftm, ab ✳ wdh.

Arbeitsbeschreibung, Spitze 2

1. Runde: fM.
2. Runde: ✳In die Tiefe des Randbogens: 1 fM – 6 Lftm, – 1 M überschlagen, dann 1 fM – 6 Lftm, dann in die 4. M: 1 Stäb – 5 Lftm – 1 Stäb – 6 Lftm, dann in die 4. M.: 1 fM – 6 Lftm – 1 fM – 6 Lftm, dann in die 4. M: 1 Stäb – 5 Lftm – 1 Stäb – 6 Lftm, dann ab ✳ wdh.
3. Runde: ✳In den kleinen Bogen: 1 Stäb – 3 Lftm – 1 Stäb – dann 7 Lftm, dann zwischen die 2 Stäb: 1 fM – 1 Lftm, dann in den mittleren kleinen Bogen 10mal 1 DopStäb – 1 Lftm, dann zwischen die 2 Stäb: 1 fM – 7 Lftm, dann ab ✳ wdh.
4. Runde: ✳Zwischen die 2 Stäb: 2 Stäb – 3 Lftm – 2 Stäb, dann 7 Lftm, auf die fM: 1 fM – 8 Lftm, dann zwischen das 2. und 3., 5. und 6., 8. und 9. Stäb: je 1 fM – 6 Lftm, dann auf die fM: 1 fM – 7 Lftm, dann ab ✳ wdh.
5. Runde: ✳In die Lücke zwischen die Stäb: 2 Stäb – 1 P – 2 Stäb, dann 7 Lftm. Dann auf die fM: 1 fM, dann in die 4 folgenden Bogen: je 6 fM, dann auf die nächste fM: 1 fM – 7 Lftm, dann ab ✳ wdh.

Arbeitsbeschreibung, Spitze 3

1. Runde: fM.
2. Runde: fortlaufend 2 und 2 oben zus.gefaßte DopStäb – 15 Lftm.
3. Runde: In jeden Bogen: 1 fM – 7 Lftm, dann in die fM zurückgreifend: 2 oben zus.gefaßte DopStäb – dann 1 fM – 9 Lftm.
4. Runde: ✳Auf die StäbGruppe: 1 fM – 5 Lftm, in die mittlere Lftm des Bogens: 1 Stäb – 7 Lftm, dann in die Lftm zurückgreifend 2 oben zus.gefaßte DopStäb, dann in die mittlere M des Bogens: 1 Stäb – 5 Lftm, ab ✳ wdh.

Arbeitsbeschreibung, Spitze 4

1. Runde: fM.
2. Runde: ✳3 durch je 1 Lftm getrennte Stäb – 9 Lftm – 4 M der Vr überschlagen und ab ✳ wdh.
3. Runde: ✳Auf das erste Stäb: 1 fM – 6 Lftm, auf das 3. Stäb: 1 fM – 5 Lftm, dann in die mittlere M des Bogens: 1 Stäb – 6 Lftm – 1 Stäb – 5 Lftm, dann ab ✳ wdh.
4. Runde: ✳In den Bogen über der Stäb-Gruppe: 1 fM – 8 Lftm, dann in den übernächsten Bogen: 1 fM – 8 Lftm, dann ab ✳ wdh.
5. Runde: Fortlaufend: 1 fM – 5 Lftm – 1 fM – 12 Lftm.
6. Runde: In den kleinen Bogen: 5 fM – in den großen Bogen: 12 Stäb.

Arbeitsbeschreibung, Spitze 5

1. Runde: fM.
2. Runde: ✳1 fM – 15 Lftm, dann 4 M der Vr überschlagen und ab ✳ wdh.
3. Runde: In jeden Bogen: 15 fM.
4. Runde: ✳1 fM – 8 Lftm – 1 fM – 14 Lftm, ab ✳ wdh.

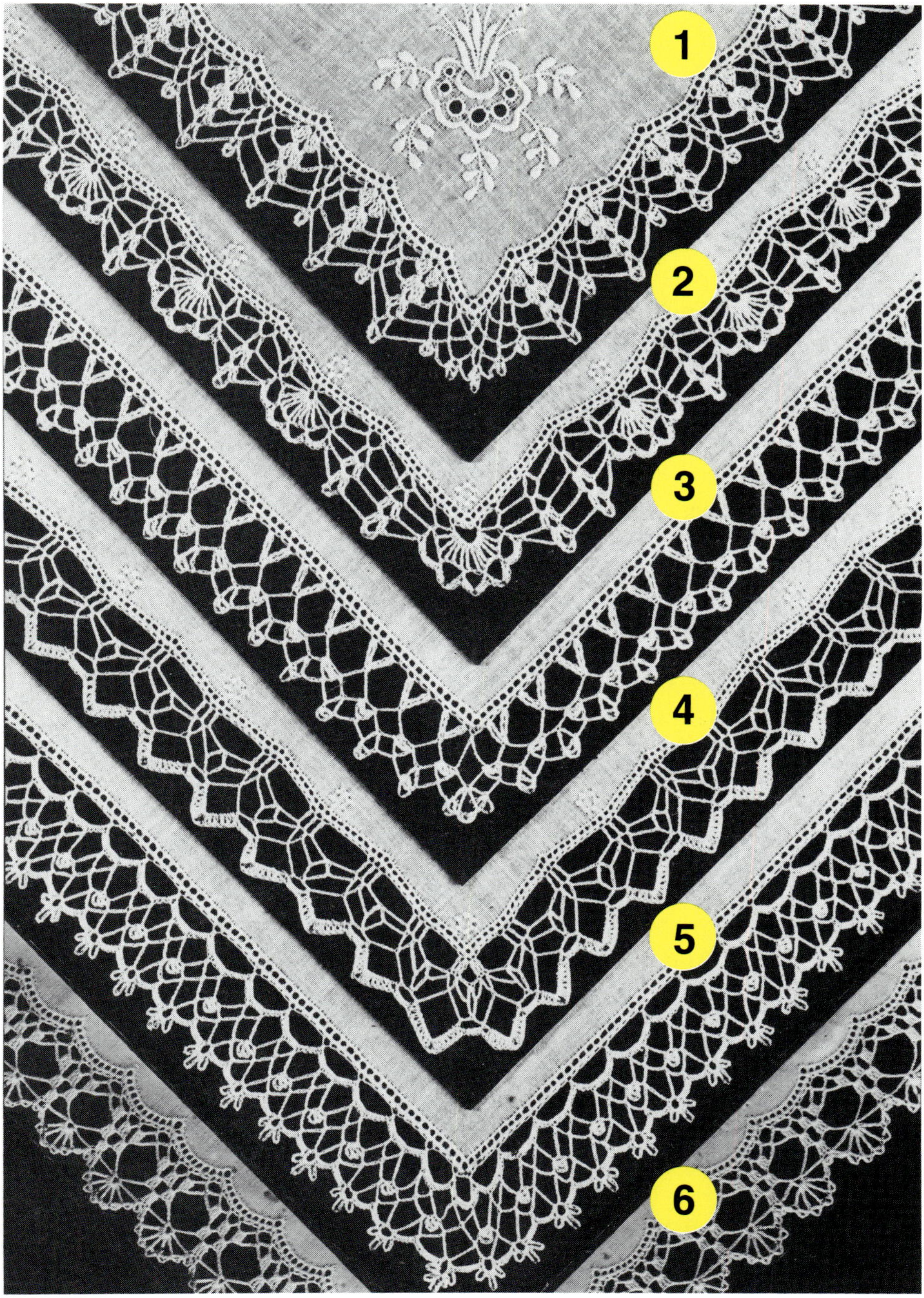
1
2
3
4
5
6

Fortsetzung Spitze 5

5. Runde: In jeden großen Bogen: 1 fM – 5 Lftm, dann in die fM zurückgreifend: 2 Stäb, dann 1 fM – 6 Lftm, in jeden kleinen Bogen: 1 fM – 6 Lftm.

6. Runde: ✳1 fM – 10 Lftm – 1 fM – 14 Lftm, ab ✳ wdh.

7. Runde: In jeden großen Bogen: 1 fM – 6 Lftm – 1 fM – 6 Lftm. In jeden kleinen Bogen: 1 fM – 6 Lftm.

8. Runde: ✳In die Öse: 1 fM – 6 Lftm –2 fM – 8 Lftm – 2 fM – 6 Lftm – 1 fM, in die beiden folgenden Bogen: je 5 fM. Ab ✳ wdh.

Arbeitsbeschreibung, Spitze 6

1. Runde: fM.

2. Runde: Abwechselnd 1 fM – 6 Lftm, dabei jeweils 2 M der Vr überschlagen.

3. Runde: ✳In den 1. Bogen 1 fM – 5 Lftm, in die zwei folgenden Bogen je 3 Stäb – 3 Lftm, in den 4. Bogen 3 Stäb – 6 Lftm, ab ✳ wdh.

4. Runde: ✳3 Stäb – 3 Lftm – 3 Stäb – 14 Lftm, ab ✳ wdh.

5. Runde: ✳3 Stäb – 7 Lftm, in den Bogen 1 fM – 4 Lftm – 1 fM – 7 Lftm, ab ✳ wdh.

6. Runde: ✳Auf die 3 Stäb 1 fM – 1 P – 1 fM – 1 P, dann in die kleine Öse 5mal 1 DopStäb – 1 P, ab ✳ wdh.

Arbeitsbeschreibung, Spitze 7
Wäscheeinsatz (Breite ca. 3 cm)

1. und 2. Reihe fortlaufend wiederholen. ✳ Anfang.

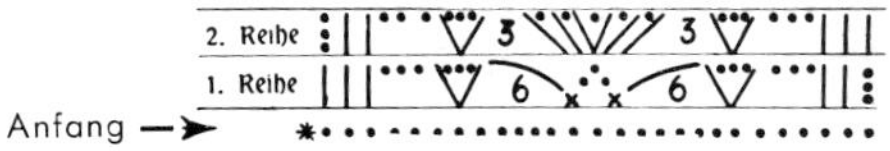

Arbeitsbeschreibung, Spitze 8
Wäschespitze (Breite ca. 3 cm)

Man arbeitet genau nach Zeichnung beginnend bei ✳, arbeitet zuerst die Rundungen (links neben dem Strich). Ist die gewünschte Länge erreicht, werden die beiden Reihen 1 und 2 den Luftmaschenbogen angehäkelt.

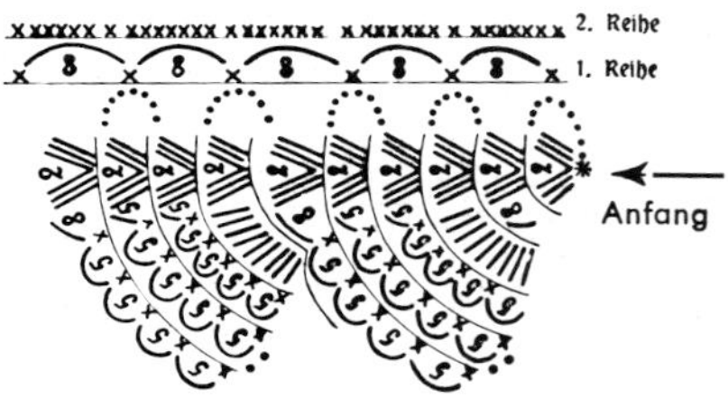

Arbeitsbeschreibung, Spitze 9
Wäschespitze in Brügger Häkelei

(Breite ca. 3,5 cm)

Man häkelt zuerst das Bändchen nach Zeichnung A, das während des Arbeitens (wie Zeichnung B zeigt), an den Randbogen mit fM zum Musterbogen zus.gefaßt wird. Ist die nötige Länge erreicht, werden die Reihen 2–6 an der ganzen Spitze vorbei angehäkelt.

Zeichnungen zur Spitze 9

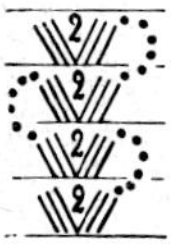

A

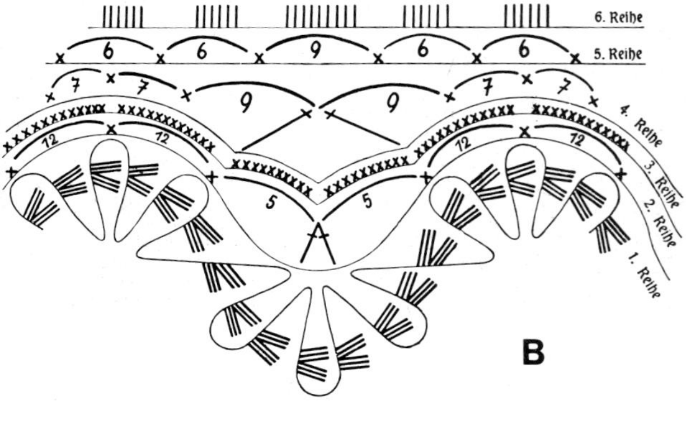

B

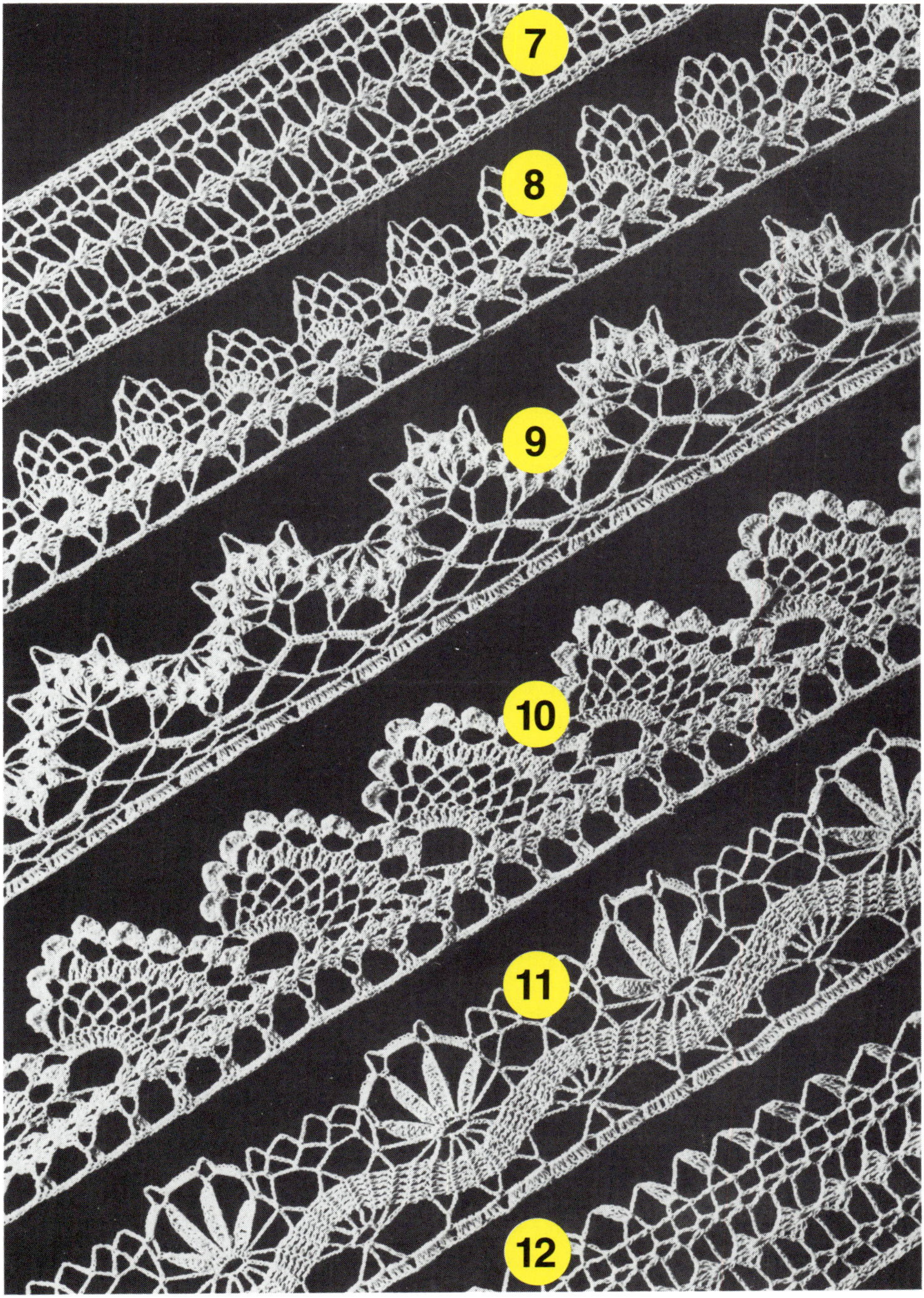
7
8
9
10
11
12

Arbeitsbeschreibung, Spitze 10
Wäschespitze (Breite ca. 4 cm)
Man arbeitet genau nach Zeichnung beginnend bei ✳, häkelt zuerst die Rundungen (links neben dem Strich). Ist die gewünschte Länge erreicht, werden die Reihen 1 und 2 an den Lftmbogen angehäkelt.

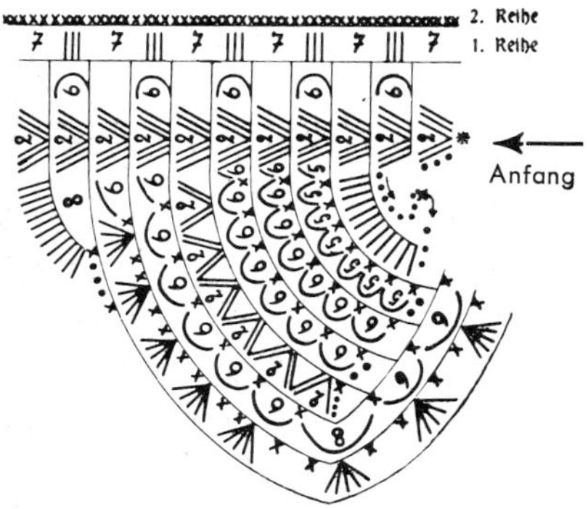

Arbeitsbeschreibung, Spitze 12
Wäschespitze (Breite ca. 4 cm)
Man arbeitet genau nach Zeichnung. Beginn bei ✳. Die Reihen werden nur bis zur abgegrenzten senkrechten Linie gehäkelt. Ist die notwendige Länge erreicht, wird die Reihe links der abgegrenzten Linie an der ganzen Spitze vorbei angehäkelt.

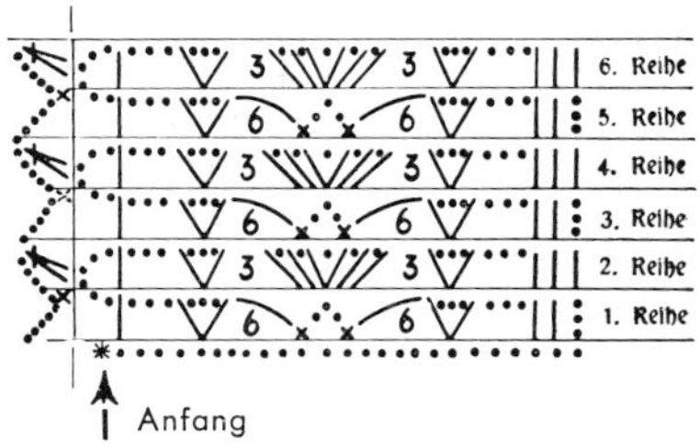

Arbeitsbeschreibung, Spitze 11
Wäschespitze in Brügger Häkelei
(Breite ca. 4 cm)
Man arbeitet zuerst das Bändchen nach Zeichnung A, das während des Häkelns (wie Zeichnung B zeigt) an den Randbogen mit fM und Lftm zum Musterbogen zus.gefaßt wird. Ist die nötige Länge erreicht, häkelt man nach Zeichnung B zuerst an der einen Seite die Reihen 2–4, und dann an der anderen Seite die Reihen 5 und 6 an der ganzen Spitze vorbei an.

Arbeitsbeschreibung, Spitze 13
1. Runde: fM.
2. Runde: In jede 2. folgende fM: 1 Stäb – 3 Lftm.
3. Runde: In jede Lücke: 1 fM – 2 Lftm – 2 Stäb.
4. Runde: ✳In die mittlere Lücke: 1 fM – 6 Lftm. Auf jedes DopStäb – 1 DopStäb – 1 Pikot, dann 6 Lftm, ab ✳ wdh.

Zeichnungen
zur Spitze 11

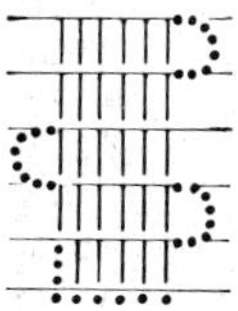
A

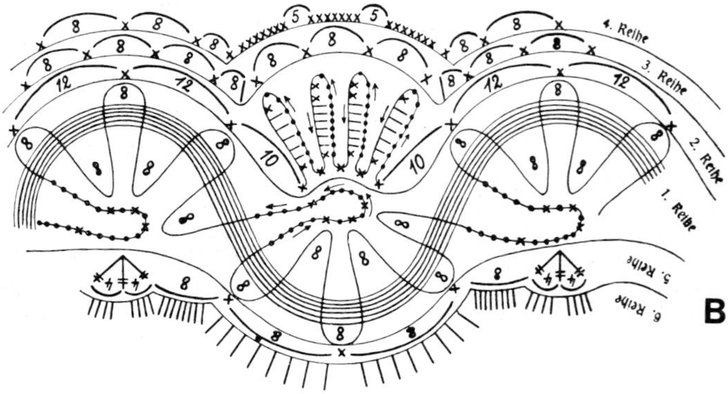

B

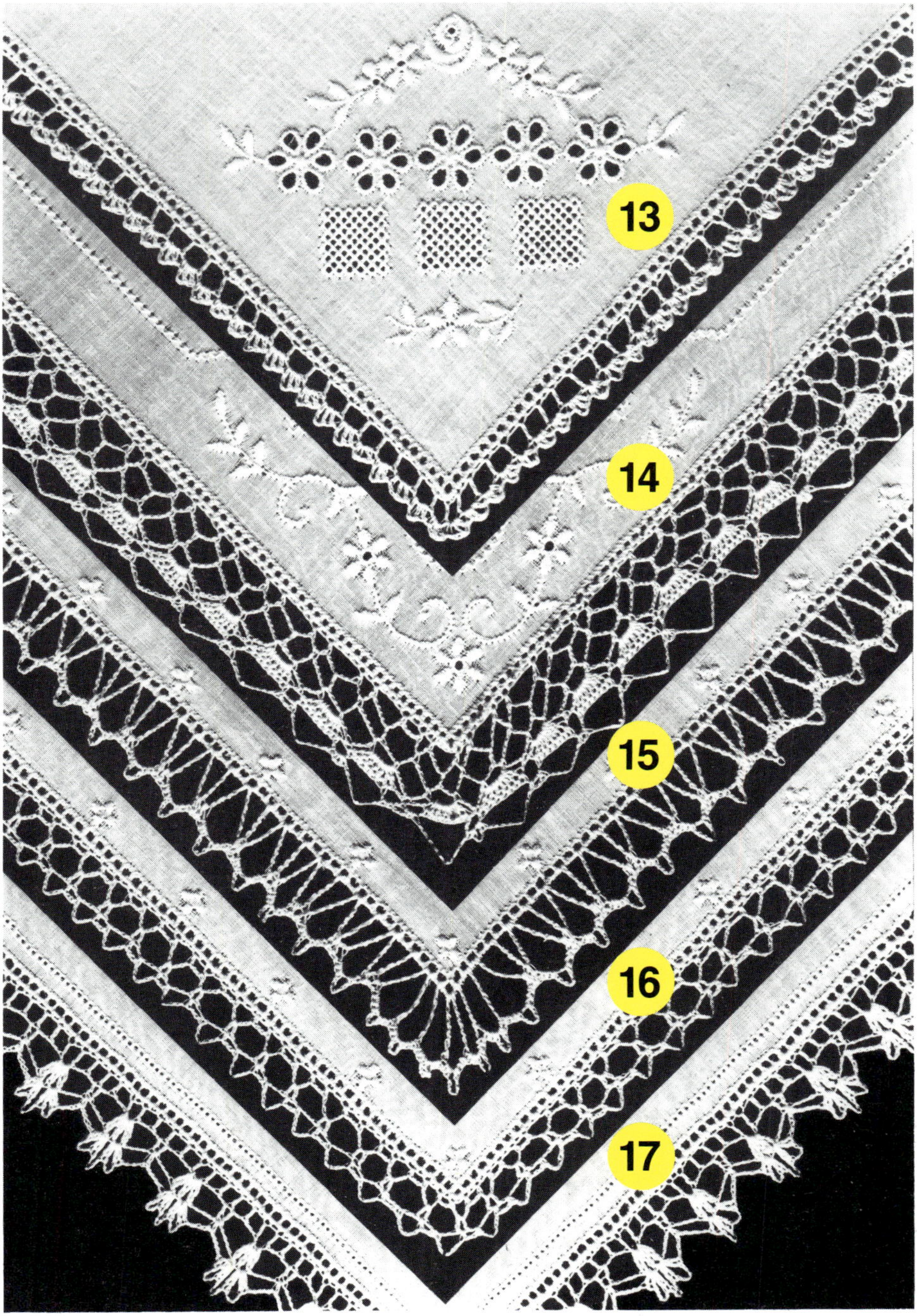
13
14
15
16
17

Arbeitsbeschreibung, Spitze 14

1. Runde: fM.
2. Runde: ∗1 fM – 7 Lftm, in die 4. folgende fM der Vr: 1 fM – 4 Lftm, dann in die 2. folgende fM der Vr, ab ∗ wdh.
3. Runde: In den kl. Bogen: 1 fM – 6 Lftm, in den großen Bogen: 1 Stäb – 6 Lftm.
4. Runde: Abwechselnd 1 fM – 7 Lftm – 1 fM – 4 Lftm (der kleine Bogen trifft immer über das Stäb der Vr).
5. Runde: ∗In die mittlere fM des kleinen Bogens: 1 fM, ab ∗ wdh.
6. Runde: Auf jedes Stäb: 1 fM, dann 3 Lftm.
7. Runde: In den kleinen Bogen: 2 fM – 3 Lftm – 2 fM, dann 9 Lftm.

Arbeitsbeschreibung, Spitze 15

1. Runde: fM.
2. Runde: ∗In die 1. fM der Vr ein 3faches Stäb – 6 Lftm – ein 3faches Stäb, dann 1 fM der Vr überschlagen – ein 3faches Stäb. Dann 1 fM der Vr überschlagen, ab ∗ wdh.
3. Runde: In den großen Bogen: 3 fM – 3 Lftm – 3 fM, auf jedes Stäb – 1 fM.

Arbeitsbeschreibung, Spitze 16

1. Runde: fM.
2. Runde: 1 fM – 3 Lftm – 1 fM – 6 Lftm (je 1 fM der Vr überschlagen) fortl. wdh.
3. Runde: In jeden großen Bogen: 2 Stäb – 4 Lftm.
4. Runde: In die Lücke: 1 fM – 6 Lftm, zwischen die beiden Stäb: 1 fM – 3 Lftm.

Arbeitsbeschreibung, Spitze 17

1. Runde: fM.
2. Runde: 1 Stäb – 2 Lftm.
3. Runde: ∗In die 1. Lücke: 1 Stäb, dann in die 2. Lücke: 1 Stäb (mit dem vorhergehenden Stäb zusammen abmaschen), dann 4 Lftm, dann in die nächste Lücke: 3mal 2 oben zus.gefaßte DopStäb – 4 Lftm, dann 1 Lücke überschlagen, ab ∗ wdh.
4. Runde: ∗Auf die oben zus.gefaßten Stäb: 1 fM – 4 Lftm, dann in jede Lücke zwischen den DopStäb: 2 Stäb – 4 Lftm – 2 Stäb – 4 Lftm, ab ∗ wdh.

Arbeitsbeschreibung

(Abbildung Seite 43)

1. Runde: fM.
2. Runde: In die Tiefe des Bogens: 1 fM – 7 Lftm, auf die Höhe des Bogens: 3 Stäb, durch je 2 Lftm getrennt, dann 7 Lftm.
3. Runde: 4mal abwechselnd 1 fM – 4 Lftm, dann 2 und 2 oben zus.gefaßte DopStäb – 4 Lftm.
4. Runde: 3mal abwechselnd: 1 fM – 4 Lftm, dann 3mal abwechselnd: 2 DopStäb – 4 Lftm.
5. Runde: 2 und 2 oben zus.gefaßte Stäb – 4 Lftm – 1 P – 4 fM – 1 P – 4 fM – 1 P – 4 Lftm.

Arbeitsbeschreibung (Abbildung links)

1. Runde: fM.
2. Runde: * 4mal abwechselnd 2 oben zus.gefaßte Stäb – 4 Lftm, dann 2 oben zus.gefaßte Stäb – 11 Lftm, dann 5 M der Vr überschlagen und ab * wdh.
3. Runde: 1 fM – 3 Lftm – 1 fM – 5 Lftm – 1 fM – 5 Lftm – 1 fM – 5 Lftm – 1 fM – 3 Lftm – 1 fM – 3 Lftm, dann in den großen Bogen: 1 Stäb – 2 Lftm – 4 Stäb – 2 Lftm – 4 Stäb – 2 Lftm – 1 Stäb – 3 Lftm.
4. Runde: 1 fM – 3 Lftm – 1 fM – 5 Lftm – 1 fM – 5 Lftm – 1 fM – 3 Lftm – 1 fM – 3 Lftm – 1 Stäb – 2 Lftm – 2 Stäb – 3 Lftm – 2 Stäb – 2 Lftm – 2 Stäb – 3 Lftm – 2 Stäb – 2 Lftm – 1 Stäb – 3 Lftm.
5. Runde: 1 fM – 3 Lftm – 1 fM – 6 Lftm – 1 fM – 3 Lftm – 1 fM – 3 Lftm – 1 Stäb – 2 Lftm – 2 Stäb – 4 Lftm – 2 Stäb – 4 Lftm – 2 Stäb – 4 Lftm – 2 Stäb – 2 Lftm – 1 Stäb – 3 Lftm.

Arbeitsbeschreibung
(Abbildung Seite 46)

1. Runde: fM.
2. Runde: Abwechselnd 1 Stäb – 3 Lftm.
3. Runde: Auf das 1. Stäb: 1 Stäb, dann 5 Lftm, dann in das soeben gehäkelte Stäb der 3. Runde: 2 oben zus.gefaßte DopStäb, dann auf das 2. Stäb der Vr: 3 oben zus.gefaßte DopStäb, dann auf das 4. Stäb der Vr: 3 oben zus.gefaßte DopStäb, dann 6 Lftm, dann in die 1. Lftm zurückgreifend: 2 oben zus.gefaßte DopStäb.
4. Runde: Auf das einzelne Stäb der Vr: 1 Stäb – 6 Lftm, dann 3 oben zus.gefaßte DopStäb – 8 Lftm – 3 oben zus.gefaßte DopStäb – 6 Lftm.

Arbeitsbeschreibung
(Abbildung Seite 47)

1. Runde: fM.
2. Runde: 3 durch je 1 Lftm getrennte Stäb – 6 Lftm.
3. Runde: 1 Stäb – 1 Lftm – 1 Stäb – 1 Lftm – 5 Stäb – 1 Lftm.
4. Runde: Wie 2. Runde.
5. Runde: Wie 3. Runde.
6. Runde: 6 fM – 9 Lftm.

Auswahl aus über 470 TOPP-Titeln

Mit Papier gestalten

1099 Wurst, Papier falten und kleben
788 Sakata, Origami
714 Kühnemann, Scherenschnitte
1093 Lütkebohmert, Laternen
1124 Holl, Fensterbilder aus Tonkarton
1199 Tiggelar, Origami
1195 Täubner, Fenster-Mobiles
1207 –, Fensterbilder Tiermotive
1213 –, Kinderleichte Fensterbilder
1208 Hirschhausen, Fensterbilder
1233 Mein schönstes Fensterbild
1232 Stettler, Transparente Fenstersterne
989 Depner, Transparente Fensterbilder

Plastisch gestalten

1094 Zechlin, Modellieren mit Kindern
922 Terhoeven, Bilder modellieren
793 Hettinger, Salzteig, Bilder + Figuren
868 Hettinger, Salzteig, neue Ideen
1002 Buresch, Salzteig, Schritt für Schritt
911 Buresch, Puppenkurs (Salzteig)
1133 Salzteig – Schönste Modelle
878 Rübsam, Keram. Gefäße gegossen
858 Kaupisch, Freizeittöpfern
1010 Niederreuther, Gießtöpfern
1020 Lumm, Keramik bemalen
1046 Rosin, Glasuren und Anwendung
1125 Müller, Ton mit Pflanzen gestalten
1143 Limpke, Freie Tonplastiken
1187 Kleinschnittger, Kreative Keramik
1145 Hartter, Speckstein

Mit Blumen gestalten

1136 Holl, Naturnahe Trockensträuße
1032 Matsunaga, Ikebana Tischgestecke
842 Dilger, Winterliche Gestecke
1008 Frank, Gepreßte Naturschönheiten
932 Holl, Natur-Collagen
978 Holl, Zierbäumchen a. Naturmaterial
903 Schurr, Bäumchen + and. Dekorat.
913 Walz, Kränze aus Naturmaterial
1095 Walz, Kränze als Heimschmuck
1066 Schwarz, Biedermeiergebinde
970 Raffel, Trockenblumen gestalten
966 Schurr, Geschmücktes Heim
1118 Ohmann, Fantasie-Gärten
999 Roder, Hüte folkloristisch dekoriert

Mit Naturmaterial gestalten

1218 Maki, Peddigrohr
1219 Löhr, Klöppeln Werkbuch
1087 Walz, Zapfen, ein natürliches Material
1170 Zöller, Zapfen und Samen
713 Fleischer, Peddigrohr, prakt./dekor.
545 Kühnemann, Steine geklebt + bemalt
817 Roll, Bemalte und bedruckte Steine

Pflanzen- und Gartenhobby

1144 Vocke, Hydrokultur
1031 Vocke, Langzeitvers. v. Zi.-pflanzen
1011 Schurr, Hochstämmchen selbstgez.
1176 Schurr, Fuchsien
1085 Heuzeroth, Bauerngarten
1013 –, Natürlicher Kräutergarten
1022 v. Hennet, Naturteich im Garten

Mit Holz gestalten

698 Friedrichs, Laubsägen
1096 Weiss, Basteln mit Sperrholz
1068 Wieser/Weller, Holzschnitzen
528 Jeep, Kerbschnitzen
956 Wilhelm, Drechseln, Mappe 2
642 Lumm, Brandmalkunst
931 Grauwiller, Brandmalerei-Dekore
632 Weiß/Steinigans, Wäscheklammern
718 Lumm, Volkskunst Bauernmalerei
530 Kühnemann, Bauernmalerei, Einfg.
829 Gratzl, Spanschachteln, Mappe 13
1059 Erd, Naturnahe Blumenmalerei, 20

Mit Farbe gestalten

601 Gaißer, Papierbatik
767 Gaißer, Marmorieren
1061 Braren, Aquarellmalerei Einführung
1162 Braren, Aquarellmalerei Blumen

Glas und Porzellan

1119 Lempke, Impressionen in Tiffany
702 Brunner, Glasritzen
765 Kühnemann, Glasritzen, Mappe
766 Lumm, Glasritzschule, Mappe
804 Pratsch, Glasbilder nach Tiffany
855 Pratsch, Lampen in Tiffany-Technik
976 Remmert, Gewächshäuschen nach Tiffany, Grundaufbau
974 Pratsch, Tiffany 11 – Fenster
975 Remmert, Tiffany 12 – Spiegel
994 Falkenstein, Tiffany 13 – Fensterbilder
1071 Oelmaier, Tiffany 19 – Spiegel
1097 Lembke, Tiffany-Schmuck
1166 Dietenmaier, Tiffany-Wandlampen
1177 Porzellanmalerei-Grundwissen
803 Lumm, Porzellan-Malschule
935 Kesten, Porzellanmalerei
916 Polla, Malen auf Porzellan
1188 Meichtry, Lüstertechnik

Metallarbeiten

925 Schöni, Kupferritzen
548 Neumann-Leiminger, Metalldrücken
658 Göhs, Galvanisieren
920 Haid, Aus Gold- und Silberdraht
751 Meidenbauer, Zinnfiguren

Modeschmuck

985 Terhoeven, Exquisiter Modeschmuck
1148 Hettinger, Schmuckboutique
1169 Ohmann, Schmuck aus Glas, Metall
1097 Lempke, Schmuckkreationen

Textiles Werken

675 Kühnemann, Weben - Einführung
905 Täubner, Weben mit Stäbchen
832 Frankl, 124 Strickmuster
856 Fischer, Kunststricken – Einführung
611 Zechlin, Wollreste
511 Buchwald, Hüttensocken gestrickt
958 Sorger, Stickerei als Volkskunst
1072 Harms, Bordenstickerei
1077 Brüggemann, Hardanger Stickerei
744 Bellon, Klöppeln – kleiner Lehrgang
1055 Bellon, Klöppeln – kleiner Lehrgang
791 Graff-Höfgen, Occhi – Einführung
895 Walz, Neue Blumenampeln
929 Niesseler, Makramee und Weben
943 Wenzky, Sprang
947 Peltola, Nähen mit der Nähmaschine
1076 Meinhardt, Freizeitkleidung nähen
1003 Kühnemann, Spannquadrate

Stoffe färben/Seidenmalen

633 Wildschütte, Batiken – Lehrgang
1016 Schmidt, Stoffdruck Wege
1084 Blenkers, Textiles m. mod. Gags
769 Digne, Auf Seide malen
849 Kühnemann, S'.malen Grundtechn.
1006 Barthelmes, S'malerei Modetrend
1024 Sakai, Seidenmalerei Mappe 7
971 Keller, Seidenmode, handbemalt
1065 –, Watt. Pullover aus bemalter Seide
1064 –, Seidentücher
1063 Fausel, Krawatten aus Seide bemalt
1167 Ottelart, S'malen neue Techniken
949 Gaißer, Marmorieren auf Seide
813 Krauss, Textile Miniaturen

Puppen + Spieltiere

1027 Reinckens, Puppen zum Liebhaben
957 Ganter, Puppenkinder . . .
1067 Franck, Schweizer Stoffpuppen
986 Franck, Puppengarderobe 1
987 Franck, Puppengarderobe 2
1108 Werkbuch f. Künstler-Puppen
1036 Rasimus, Nähen für Puppen
946 Aurin, Puppenkleidung stricken
938 Seyd, Porzellanpuppen
1025 –, Puppenkleidung für Babypuppen
1053 –, Puppenkldg. f. Charakterpuppen
996 –, Buchhalter, Milieufiguren
863 Wittke, Gestrickte Handspiel-Tiere
1004 Zechlin, Stofftiere mit Pfiff
1078 Seyd, Stilvolle Teddys nähen
1161 Davids, Puppenhaus

Weihnachten und Ostern

1239 Möller, Fensterbilder im Advent
743 Wurst, Adventskalender
1018 Glende, Adventsschmuck zeitlos
965 Kauffmann, Weihn. Raumschmuck
1017 Glende, Christbaumschmuck
1090 Hettinger, Weihnachtl. Basteln
843 Walz, Weihnachtliches aus Stroh
1009 Bösch, Krippendarstell. aus Rupfen
1089 Erlenmaier, Krippenfiguren aus Ton
923 Walz, Fröhliches Osterbasteln
1000 –, Familienbasteln zu Ostern
1056 Rensing, Österlicher Schmuck
1029 Holl, Gestecke für Ostern + Frühjahr
991 Harms, Das schöne Ei
1058 Köhler, Kunst auf Eiern, Band 1
1183 Möller, Fensterbilder aus Tonkarton
1191 Täubner, Plastische Fensterbilder

Verschiedenes

1025 Zeller, Kerzen verzieren
1069 Schray, Kerzen tunken
589 Zechlin, Einbetten in Gießharz
1074 Fasnacht, Stegemail
1060 Hettinger, Kästchen und Dosen
937 Laue, Hübsch verpacken
1137 Baumann, Originell schenken
1231 Weiss, Kinder-Spielzeug mit Solar